Paramahansa Yogananda
(1893 – 1952)

PARAMAHANSA YOGANANDA

LA
LEY DEL ÉXITO

—

Cómo lograr prosperidad, salud y felicidad

mediante el poder del Espíritu

RESEÑA DEL LIBRO: *La ley del éxito* (en su edición original en inglés) fue publicada por primera vez en 1944, por *Self-Realization Fellowship,* y desde entonces se ha reimpreso sin interrupción. En la actualidad, esta obra se encuentra traducida a cinco idiomas: alemán, español, francés, italiano y portugués.

Título de la obra original en inglés publicada por
Self-Realization Fellowship, Los Ángeles (California):
The Law of Success
ISBN 0-87612-156-3 (cartoné)
ISBN 0-87612-150-4 (rústica)

Traducción al español: *Self-Realization Fellowship*
Copyright © 1972 *Self-Realization Fellowship*

Todos los derechos reservados. A excepción de breves citas en reseñas bibliográficas, ninguna porción de la edición en español de «La ley del éxito» *(The Law of Success)* puede ser reproducida, almacenada, transmitida o difundida en forma alguna, ya sea por medios electrónicos, mecánicos o de cualquier otro tipo conocido en la actualidad o utilizado en el futuro —lo cual incluye fotocopias, grabaciones, sistemas de almacenamiento y recuperación de datos— sin el previo permiso escrito de *Self-Realization Fellowship,* 3880 San Rafael Avenue, Los Angeles, California 90065-3219, EE.UU.

Esta edición ha sido autorizada
por el Consejo de Publicaciones Internacionales
de *Self-Realization Fellowship*

Self-Realization Fellowship fue fundada en 1920 por Paramahansa Yogananda, como el órgano difusor de sus enseñanzas en el mundo entero. En todos los libros, grabaciones y demás publicaciones de SRF aparecen el nombre y el emblema de *Self-Realization Fellowship* (tal como se muestran en esta página), los cuales garantizan a las personas interesadas que una determinada obra procede de la sociedad establecida por Paramahansa Yogananda y refleja fielmente sus enseñanzas.

Primera edición en español de la editorial
Self-Realization Fellowship: 2000

Cuarta impresión en cartoné: 2011

ISBN-13: 978-0-87612-186-3
ISBN-10: 0-87612-186-5

Impreso en Estados Unidos de América
1451-J2162

*«Aquel que busca a Dios es el más sabio
de los hombres; quien le ha encontrado
es el más exitoso entre todos».*

Paramahansa Yogananda

Lo noble y nuevo

Canta canciones que nadie haya cantado,

alberga pensamientos que nadie haya concebido,

camina por senderos que nadie haya transitado,

derrama lágrimas por Dios como nadie haya vertido,

brinda paz a quien nadie se la haya brindado,

reclama como tuyo a quien en todas partes sea repudiado.

Ama con un amor que nadie haya sentido,

y afronta la batalla de la vida con brío renovado.

Mi derecho divino de nacimiento

Dios me creó a su imagen y a Dios buscaré primero, asegurándome de establecer verdadero contacto con Él; después, si es su voluntad, pueda todo lo demás —sabiduría, abundancia, salud— ser añadido como parte de mi derecho divino de nacimiento.

Deseo recibir éxito sin límite, no de fuentes terrenales, sino de las pródigas y todopoderosas manos de Dios.

La ley del éxito

¿Existe algún poder capaz de revelarnos ocultas vetas de riqueza y tesoros insospechados? ¿Existe alguna fuerza a la cual podamos recurrir en nuestra búsqueda de la salud, la felicidad y la iluminación espiritual? Los santos y sabios de la India afirman que tal poder existe. Ellos han demostrado la eficacia de los verdaderos principios espirituales, eficacia que puede ser también comprobada por cualquiera de nosotros, siempre que estemos dispuestos a estudiarlos y aplicarlos objetivamente.

Tu éxito en la vida no depende solamente de tu habilidad y entrenamiento personal, sino también de tu determinación para aprovechar las oportunidades que se te presentan. Las oportunidades en la vida se crean; no vienen por azar. Todas las oportunidades que surgen en tu sendero han sido creadas por ti mismo, ya sea en la actualidad o en el pasado, un pasado que incluye tus vidas anteriores. Puesto que tú mismo te has ganado dichas oportunidades, has de aprovecharlas al máximo.

Si haces uso de todos los medios externos accesibles, así como también de tus habilidades naturales, para vencer cada obstáculo que se presente en tu sendero, desarrollarás los poderes que Dios te ha otorgado: poderes ilimitados, que fluyen de los potenciales más recónditos de tu ser. Posees el poder de pensar y el poder de la voluntad: ¡utiliza al máximo tales dones divinos!

El poder del pensamiento

Tú manifiestas éxito o fracaso de acuerdo con el curso habitual de tus pensamientos. ¿Cuál es en ti la tendencia más fuerte: los pensamientos de éxito o los de fracaso? Si tu mente se encuentra por lo general en un estado negativo, un pensamiento positivo ocasional no será suficiente para atraer el éxito. Pero si piensas correctamente, llegarás a la meta aun cuando parezca que te envuelven las tinieblas.

Tú mismo eres el único responsable de tu destino. Nadie más responderá por tus acciones cuando llegue el momento del juicio final. Tu labor en el mundo —en la esfera en la cual te ha colocado tu propio karma, es decir, el efecto de tus acciones pasadas— no puede ser desarrollada sino por una sola persona: tú mismo. Y tu trabajo puede ser llamado, en verdad, un «éxito» únicamente en la medida en que haya servido de alguna forma a tu prójimo.

No es aconsejable revisar mentalmente un determinado problema de modo incesante. Conviene dejarlo descansar de vez en cuando, dándole así tiempo para que se aclare por sí mismo; pero cuida de que *tú* no descanses de manera tan prolongada que llegues a olvidarte completamente de discernir. Aprovecha, más bien, dichos períodos de reposo para profundizar en tu interior, sumergiéndote en la honda paz de tu íntimo Ser. Entonces, una vez que estés en armonía con tu propia alma, serás capaz de analizar todas tus acciones; y si adviertes que tus pensamientos o tus obras se han desviado de la meta, podrás corregir su dirección. Este poder de divina «sintonización» (o armonización) puede desarrollarse a través de la práctica y del esfuerzo.

La voluntad es la dinamo

Para triunfar en cualquier empresa, además de cultivar pensamientos positivos, debes ejercer paralelamente el poder de la voluntad y una actividad continua. Todo el mundo de las manifestaciones externas no es sino el producto de la voluntad; mas dicho poder no siempre se emplea conscientemente. Así como existe una voluntad consciente, existe también una voluntad mecánica. La dinamo de todos tus poderes es la volición, la «fuerza de voluntad». Sin ella no puedes caminar, conversar, trabajar, pensar o sentir. La voluntad es, pues, la fuente de donde brotan todas tus acciones. (Si quisieras suspender el ejercicio de la voluntad, sería preciso que permanecieses tanto física como mentalmente en la inactividad más absoluta, ya que en el mero acto de mover una mano, por ejemplo, estás haciendo uso de la voluntad. De hecho, es imposible vivir sin hacer uso de esta fuerza).

La voluntad mecánica consiste en el empleo irreflexivo y automático del poder de la voluntad. La voluntad consciente es una fuerza vital que se acompaña siempre de determinación y de esfuerzo; es una dinamo que debería dirigirse sabiamente. A medida que te entrenas en ejercer la voluntad de manera consciente, y no mecánica, debes paralelamente asegurarte de que los objetivos perseguidos por tal voluntad sean constructivos y valiosos.

Con el objeto de desarrollar el poder dinámico de la voluntad, es útil proponerse realizar algunas de las cosas que te hayan parecido inalcanzables hasta ahora, comenzando primero por las más sencillas; luego, a medida que tu confianza se fortalezca y tu voluntad se torne más dinámica, puedes intentar logros más difíciles. Una vez que estés seguro de haber elegido bien tu meta, no debes aceptar por ningún motivo someterte al fracaso. Dedica toda tu fuerza de voluntad a la consecución de un solo objetivo a la vez; no disperses tus energías ni emprendas un nuevo proyecto a costa de dejar a medias el cumplimiento de tu resolución.

Puedes controlar tu destino

La mente es la creadora de todo. Por lo tanto, deberías dirigir tu mente de tal modo que sólo cree el bien. Si te aferras a un determinado pensamiento, aplicando en ello tu fuerza de voluntad dinámica, dicho pensamiento llegará finalmente a manifestarse en forma externa y tangible. Cuando eres capaz de utilizar tu voluntad con fines únicamente constructivos, te conviertes en el *amo de tu propio destino.*

Se acaban de mencionar tres importantes vías a través de las cuales es posible activar la voluntad, tornándola verdaderamente dinámica:

1) Elige una tarea sencilla o alguna actividad que jamás hayas dominado bien, y proponte desarrollarla con éxito.

2) Asegúrate de que tu elección haya recaído sobre algo factible y constructivo a la vez y, luego, rechaza toda idea de fracaso.

3) Concéntrate en un solo objetivo, aplicando todas tus capacidades y aprovechando cuanta oportunidad se te presente para materializar tu propósito.

Mas debes siempre procurar obtener la certeza interior —nacida de la serena profundidad de tu más íntimo Ser— de que lo que persigues es algo correcto, que te conviene conseguir y que está de acuerdo con los designios divinos. Una vez obtenida dicha seguridad, puedes entonces aplicar toda la fuerza de tu voluntad para alcanzar tal objetivo, pero manteniendo siempre tus pensamientos concentrados en Dios: la Fuente de todo poder y de toda realización.

El temor agota la energía vital

El cerebro humano es un almacén de energía vital. Dicha energía se utiliza constantemente en los movimientos musculares, en el trabajo del corazón, de los pulmones y del diafragma, en el metabolismo de las células tisulares y sanguíneas y en el funcionamiento del sistema telefónico sensitivo-motor de los nervios. Además de esto, una tremenda cantidad de energía vital se consume en todos los procesos intelectuales, emotivos y volitivos.

El temor agota la energía vital y es uno de los mayores enemigos de la fuerza de voluntad dinámica. El temor exprime la fuerza vital que habitualmente fluye de manera constante a través de los nervios, hace que los nervios mismos se comporten como si estuviesen paralizados y reduce la vitalidad de todo el cuerpo. El temor no te ayuda a alejarte del objeto que lo provoca, sino que solamente debilita tu fuerza de voluntad. Bajo la influencia del miedo, el cerebro genera un impulso inhibidor que actúa sobre todos los órganos del cuerpo, constriñendo el corazón, interrumpiendo las funciones digestivas y provocando otras numerosas perturbaciones físicas. Cuando se mantiene la conciencia enfocada en Dios, no se puede abrigar temor alguno; se dispone entonces de la capacidad para vencer todos los obstáculos mediante el valor y la fe.

Un «deseo» es una *aspiración carente de energía*. Un deseo puede ser seguido de una «intención», esto es, del proyecto de realizar algo concreto, de satisfacer, de hecho, un determinado anhelo.

Pero la «voluntad» significa: «*Trabajo y trabajaré sin cesar hasta que consiga cumplir mi deseo*». El poder de la energía vital se pone en acción toda vez que ejerces tu fuerza de voluntad, pero no cuando deseas de forma meramente pasiva el ser capaz de alcanzar un determinado objetivo.

Los fracasos deben estimular la determinación

———

Incluso los fracasos deben estimular tu fuerza de voluntad y tu crecimiento material y espiritual. Cuando hayas fracasado en algún proyecto, es conveniente que analices cada factor de la situación, con el objeto de eliminar toda posibilidad futura de repetir los mismos errores.

La estación del fracaso es el período más propicio

para sembrar las semillas del éxito. Aunque seas azotado por el látigo de las circunstancias, mantén la cabeza erguida. No importa cuántas veces hayas fracasado, inténtalo siempre *una vez más.* Aun cuando creas que ya no podrás continuar luchando, o que has hecho ya todo cuanto podías, lucha siempre, hasta que tus esfuerzos se vean coronados por el éxito. Un breve relato aclarará el punto anterior.

A y *B* se encontraban luchando. Al cabo de un tiempo considerable, *A* se dijo a sí mismo: «Un momento más, y caeré desplomado»; pero, simultáneamente, *B* pensaba: «¡Sólo un golpe más, y habré triunfado!» y, asestándolo, vio como *A* se desplomaba. Así debes ser tú: asesta siempre ese golpe final. Utiliza el invencible poder de la voluntad para superar todas las dificultades de la vida.

Cuando, después de un fracaso, reanudas tus esfuerzos con renovado brío, tales esfuerzos son verdaderos agentes de crecimiento; sin embargo, para que den fruto, deben estar bien planeados e imbuidos de fuerza de voluntad dinámica y de atención siempre creciente.

Supón que *has* fracasado hasta el presente. Sería necio, entonces, renunciar a la lucha y aceptar el fracaso como un decreto del «destino». Antes que abandonar tus esfuerzos, es preferible morir luchando mientras aún exista una posibilidad de realizar algo más; pues, incluso si llega la muerte, pronto deberás reanudar tu lucha en otra vida. Tanto el éxito como el fracaso no son sino los justos resultados de tus obras pasadas, *más* los de tus obras actuales. De modo que deberías estimular todos los pensamientos de éxito de tus vidas pasadas, hasta que, una vez revitalizados, se tornen capaces de dominar la influencia de todas las tendencias al fracaso que existan en tu vida presente.

La diferencia entre una persona de éxito y una persona fracasada no reside en la cantidad o magnitud de las dificultades con que se han enfrentado ambas, sino en que la primera, aun cuando haya afrontado quizá mayores dificultades, ha dominado el arte de rechazar siempre toda idea de fracaso. Deberías transferir tu atención del fracaso al éxito, de las preocupaciones a la calma, de las divagaciones mentales a la concentración, de la inquietud a la paz, y de la paz a la divina dicha interior. Cuando alcances este último estado de realización espiritual, habrás cumplido gloriosamente con el propósito de tu vida.

La necesidad del autoanálisis

Otro secreto del progreso consiste en el autoanálisis. La introspección es un espejo en el cual te es posible contemplar algunos recodos de tu mente; sin su práctica, éstos permanecerían ocultos a tu vista. Diagnostica la causa de tus fracasos y —haciendo un balance de tus buenas y malas tendencias— analiza lo que eres, lo que deseas llegar a ser y cuáles son los defectos que te lo impiden. Determina primero cuál es la naturaleza de tu verdadero cometido en este mundo —es decir, cuál es tu misión en la vida— y luego aplícate a la tarea de transformarte en lo que deberías y quieres ser. A medida que mantengas tu mente enfocada en Dios y te sintonices así con su voluntad, progresarás en tu sendero con una seguridad cada vez mayor.

Tu propósito fundamental consiste en encontrar el camino de regreso hacia Dios, pero también tienes que desempeñar una determinada labor en el mundo exterior. Y es la fuerza de voluntad, combinada con la iniciativa, lo que te ayudará a reconocer y cumplir dicha labor.

El poder creador de la iniciativa

¿Qué es la iniciativa? Es una facultad creadora que posees en tu interior, una chispa del Creador Infinito. Ella puede dotarte del poder de crear algo que nadie haya creado jamás, impulsándote a realizar las cosas de una manera nueva, original. Si observamos las obras de un individuo de iniciativa, nos parecerán tan espectaculares como la estela de un meteorito. Creando algo a partir aparentemente de la nada, esa persona nos demuestra que lo que parece imposible puede tornarse posible mediante el empleo personal del tremendo poder inventivo del Espíritu. La iniciativa te capacita para valerte por ti mismo, libre e independiente; es uno de los atributos del éxito.

Contempla la imagen de Dios en todos los seres humanos

Muchos son los que suelen justificar sus propias faltas, pero juzgan duramente las ajenas; deberíamos invertir tal actitud, excusando los defectos de los demás y examinando crudamente los propios.

Puede que, en determinadas ocasiones, sea indispensable analizar a otras personas; en tal caso, lo importante es recordar que, al hacerlo, debes mantener tu mente libre de todo prejuicio. Si sostienes con firmeza un buen espejo, reflejará de manera fiel, sin distorsión alguna, los objetos que coloques ante él; asimismo, una mente imparcial actúa como un perfecto espejo firmemente sujeto en el cual se reflejan con fidelidad las imágenes de los demás, sin ser distorsionadas por las oscilaciones de los juicios precipitados.

Aprende a ver a Dios en todas las personas, independientemente de su raza o credo. Sólo cuando comiences a sentir tu unidad con todo ser humano, conocerás qué es, en verdad, el amor divino, y no antes. A través del servicio mutuo nos olvidamos de nuestro pequeño ser y vislumbramos al único Ser infinito, al

Espíritu que une a todos los hombres.

LOS HÁBITOS DEL PENSAMIENTO CONTROLAN TU VIDA

Los hábitos tienen el poder de acelerar o retardar el éxito. Son tus hábitos mentales cotidianos los que modelan tu vida; ella no se rige tanto por tus inspiraciones pasajeras o brillantes ideas. Los hábitos del pensamiento funcionan como imanes, atrayendo hacia ti determinados objetos, personas y condiciones. Los buenos hábitos del pensamiento te capacitan para atraer diversos beneficios y oportunidades, mientras que los malos hábitos del pensamiento atraen hacia ti personas de mentalidad materialista y ambientes desfavorables.

Si aspiras a acabar con un mal hábito, debilítalo primero evitando toda circunstancia tendente a provocarlo o a estimularlo, pero *asegúrate de no concentrarte en él, en tu celo por evadirlo*. Encauza luego tu mente hacia algún buen hábito, cultivándolo en forma constante, hasta que se convierta definitivamente en parte de tu ser.

En nuestro interior, hay dos fuerzas opuestas que luchan continuamente entre sí. Una de ellas nos insta a hacer lo que debiéramos evitar, mientras que la otra nos urge a realizar lo debido, lo que parece difícil; una es la voz del mal, y la otra es la voz del bien, o de Dios.

A través de las duras lecciones cotidianas, algún día llegarás a ver claramente que los malos hábitos alimentan el árbol de los insaciables deseos materiales, mientras que los buenos hábitos nutren el árbol de las aspiraciones espirituales. Deberías concentrar tus esfuerzos cada vez más en desarrollar exitosamente el árbol de tu espiritualidad, de modo que puedas algún día cosechar el fruto maduro del conocimiento de tu verdadero Ser.

Si eres capaz de liberarte de todo tipo de malos hábitos y eres capaz de actuar correctamente porque te nace hacerlo —y no tan sólo con el objeto de evitar el dolor que acompaña a una mala acción—, sabrás entonces que estás progresando de verdad en el Espíritu.

Sólo cuando desechas de ti todos los malos hábitos eres realmente libre. Tu alma jamás conocerá la libertad mientras no llegues a ser el verdadero amo de ti mismo, mientras no seas capaz de obligarte a realizar lo debido, aun cuando no lo desees. *En este poder de autocontrol yace la semilla de la libertad eterna.*

Se han mencionado ya diversos atributos del éxito que son importantes: los pensamientos positivos, la voluntad dinámica, el autoanálisis, la iniciativa y el autocontrol. Numerosos libros populares destacan una o más de estas condiciones, pero no prestan atención alguna al Poder Divino que yace en el fondo de todas ellas. *La «sintonización» (o armonización) con la Voluntad Divina constituye el factor más importante para atraer el éxito.*

El poder de la Voluntad Divina es la fuerza que mueve el cosmos y todo cuanto hay en él. Fue la voluntad de Dios la que arrojó las estrellas en el espacio, y es su voluntad la que sostiene a los planetas en sus órbitas y dirige los ciclos de nacimiento, crecimiento y decadencia en todas las formas de vida.

El poder de la Voluntad Divina

La Voluntad Divina no conoce fronteras; opera a través de leyes tanto conocidas como desconocidas, tanto naturales como aparentemente sobrenaturales. Ella puede modificar el curso del destino, resucitar a los muertos, arrojar montañas al mar y crear nuevos sistemas solares.

El hombre, creado a imagen de Dios, posee en su interior esa misma todopoderosa fuerza de voluntad. La suprema responsabilidad del ser humano consiste en descubrir cómo mantenerse en armonía con la Voluntad Divina; y ello se logra a través de la práctica de la meditación[1] en la forma correcta.

Cuando actúa guiada por el error, la voluntad humana nos extravía; mas cuando es conducida por la sabiduría, la voluntad humana se encuentra sintonizada con la Voluntad Divina. Dios abriga un plan para cada uno de nosotros, y si pudiésemos seguirlo fielmente, contaríamos con una dirección interior que nos salvaría de los abismos de la desgracia; pero frecuentemente su plan se ve oscurecido por los conflictos de

---

[1] La meditación es aquella forma especial de concentración en la cual —mediante la práctica de técnicas científicas del yoga— la atención ha sido liberada de la inquietud provocada por la conciencia corporal y se enfoca totalmente en Dios. Las *Lecciones de Self-Realization Fellowship* proporcionan instrucciones detalladas sobre esta ciencia de la meditación. *(Nota del editor)*.

nuestras vidas, y desaprovechamos esa guía.

Dijo Jesús: «Hágase tu voluntad». Cuando el hombre sintoniza su voluntad con la voluntad de Dios —la cual opera guiada por la sabiduría—, él está de hecho empleando la Voluntad Divina. Todas las personas pueden llegar a alcanzar la armonía perfecta con la voluntad del Padre Celestial, por medio de la práctica de las técnicas correctas de meditación desarrolladas en la antigüedad por los sabios de la India.

Del océano de la abundancia

Tal como todo poder yace en la voluntad de Dios, así también todos los dones espirituales y materiales fluyen de la inagotable abundancia divina. Con el objeto de capacitarte para recibir los dones de Dios, debes desterrar de tu mente toda idea de limitación y pobreza. La Mente Universal es perfecta y no conoce carencia alguna; si deseas ponerte en contacto con esa infalible fuente de abastecimiento, debes mantener en tu mente una conciencia de abundancia. Aun cuando no sepas de dónde podrá llegarte el próximo centavo, evita toda aprensión. Si realizas la parte que te corresponde, confiando en que Dios realizará la Suya, descubrirás que misteriosas fuerzas acuden en tu ayuda y que tus deseos constructivos se materializan con prontitud. Semejante confianza y tal conciencia de abundancia se logran por medio de la meditación.

Puesto que Dios es la fuente de todo poder, paz y prosperidad, *no persigas tus deseos ni emprendas acción alguna sin comulgar con Él primero*. Al proceder de este modo, pondrás tanto tu voluntad como tu actividad en la disposición adecuada para conquistar las más altas metas. Al igual que no se puede transmitir ningún mensaje a través de un micrófono estropeado, tampoco es posible emitir plegaria alguna mediante un micrófono mental descompuesto por la inquietud. Repara, por lo tanto, tu micrófono mental y aumenta la receptividad de tu intuición, por medio del ejercicio de una profunda calma interior; de esta forma te capacitarás tanto para transmitirle de manera efectiva tus mensajes a Dios como para recibir sus respuestas.

La vía de la meditación

Una vez que has reparado tu radio mental y te encuentras serenamente sintonizado con vibraciones constructivas, ¿cómo puedes hacer uso de dicho instrumento psicológico para ponerte en contacto con Dios? El método correcto de meditación es la respuesta.

A través del poder de la concentración y la meditación, es posible encauzar el inagotable potencial de tu mente de tal forma que te conduzca hacia la materialización de tus deseos, protegiéndote a la vez contra la irrupción del fracaso. Todos los hombres y mujeres de éxito dedican mucho tiempo a la concentración profunda. Ellos son capaces de sumergirse hondamente en el océano de sus propias mentes, descubriendo allí las perlas de las soluciones correctas para los problemas que les preocupan. Si aprendes a retirar tu atención de todos los objetos de distracción, concentrándola por entero en un solo objeto, aprenderás también cómo atraer a voluntad todo cuanto necesites.

Antes de comprometerte en cualquier tarea de trascendencia, siéntate serenamente, aquieta tus sentidos y tus pensamientos, y medita con profundidad; serás guiado entonces por el gran poder creador del Espíritu. A continuación, deberás emplear todos los medios materiales necesarios para conquistar tu meta.

Sólo necesitas en la vida aquellas cosas que te servirán de ayuda en la realización de tu propósito fundamental. Todo aquello que tal vez *deseas,* mas no *necesitas,* puede desviarte de dicho propósito. Sólo se alcanza el éxito cuando se subordina todo lo demás a nuestro objetivo primordial.

El éxito se mide por la felicidad

―――

Detente a pensar si acaso la conquista de la meta que has elegido te habrá de significar o no el éxito. ¿Qué *es* lo que constituye el éxito? Si dispones, por ejemplo, de salud y de riquezas, mas tienes conflictos con todo el mundo —incluso contigo mismo—, la tuya no es ciertamente una vida exitosa. Vana se vuelve nuestra existencia cuando no podemos encontrar en ella la felicidad. *Cuando pierdes tu fortuna, has perdido poco; cuando pierdes la salud, has perdido algo de mayor trascendencia; mas cuando pierdes tu paz mental, entonces has perdido, en verdad, el mayor tesoro.*

El éxito, por lo tanto, debería medirse según el criterio de la felicidad, es decir, según tu capacidad para permanecer en serena armonía con las leyes del cosmos. No es posible medir adecuadamente el éxito aplicando los patrones mundanos de la riqueza, el prestigio y el poder, ya que ninguno de ellos nos proporciona felicidad salvo que sean empleados de forma correcta. Y para poder hacer un uso correcto de tales dones, debemos poseer sabiduría y amar a Dios y a los hombres.

Dios no te premia ni te castiga. Él te ha dotado del poder de autopremiarte o autocastigarte, por medio del uso o abuso que hagas de tu propia razón y fuerza de voluntad. Cuando se transgreden las leyes de la salud, de la prosperidad y de la sabiduría, inevitablemente se debe sufrir la enfermedad, la pobreza y la ignorancia. Así pues, deberías fortalecer tu mente y negarte a seguir soportando la carga de tus propias debilidades psicológicas o morales, adquiridas en el pasado: quémalas en el fuego de tus divinas resoluciones presentes y de tus buenas obras actuales; a través de esta actitud constructiva, alcanzarás la libertad.

La felicidad depende en cierto grado de las condiciones externas, pero fundamentalmente de nuestra actitud mental. Para ser felices deberíamos poseer buena salud, una mente equilibrada, una vida próspera, un trabajo adecuado, un corazón agradecido y, sobre todo, sabiduría o conocimiento de Dios.

Si adoptas la firme resolución de ser feliz, te será de gran ayuda. No esperes que las circunstancias se modifiquen, pensando erróneamente que es en ellas en donde yace el problema. No hagas de la infelicidad un hábito crónico, afligiendo así a quienes te rodean y a ti mismo. El hecho de que seas feliz constituye una verdadera bendición, tanto para ti como para los demás. Si posees la felicidad, lo posees todo; ser feliz es estar en armonía con Dios. Tal capacidad de ser feliz viene a través de la meditación.

Permite que el poder de Dios guíe tus esfuerzos

Pon en acción el poder que ya tienes, utilizándolo en propósitos constructivos, y desarrollarás así mayor poder. Avanza en tu sendero con una actitud de inquebrantable determinación, empleando todos los atributos del éxito. Sintonízate con el poder creador del Espíritu. Estarás entonces en contacto con la Inteligencia

Infinita, capaz de guiarte y de resolver todos tus problemas. Así, desde la dinámica Fuente de tu ser, manará un ininterrumpido flujo de poder que te capacitará para desempeñar tu tarea de forma creativa en cualquier esfera de actividad.

Antes de decidir sobre un asunto de trascendencia, siéntate en silencio, pidiéndole al Padre su bendición. Si obras así, en el fondo de tu poder actuará el poder de Dios; en el fondo de tu mente estará su mente; y en el fondo de tu voluntad, su voluntad. No puedes fracasar si Dios trabaja contigo; y cuando así sucede, todas tus facultades aumentan su poder. Cada vez que realizas tu trabajo con la idea de servir a Dios, recibes sus bendiciones.

Aun cuando tu trabajo en esta vida sea humilde, no te consideres obligado a justificarte por ello; siéntete más bien orgulloso de estar cumpliendo con la tarea que el Padre te ha encomendado. Él te necesita en tu lugar particular; no todos pueden desempeñar el mismo papel. Mientras trabajes con el objeto de complacer a Dios, todas las fuerzas cósmicas colaborarán armoniosamente contigo.

Cuando convenzas a Dios de que le deseas a Él por encima de todo, estarás en armonía con su voluntad. Si continúas buscándole a pesar de todos lo obstáculos que surjan a tu paso para alejarte de Él, estarás empleando la voluntad humana en su forma más constructiva. De esta manera, pondrás en acción la ley del éxito, conocida por los sabios de la antigüedad y comprendida por todo ser humano que haya alcanzado el verdadero éxito. El poder divino está en tus manos, si realizas un decidido esfuerzo para hacer uso de él con el fin de alcanzar la salud, la felicidad y la paz. En la medida en que hagas realidad estas metas en tu vida, avanzarás ciertamente por el camino de la realización del Ser, hacia tu verdadera morada en el Señor.

Afirmación

Padre Celestial, yo razonaré, yo querré y yo actuaré; pero guía Tú mi razón, mi voluntad y mi actividad hacia lo que debo hacer.

Reseña del autor

Paramahansa Yogananda (1893-1952) es mundialmente reconocido como una de las personalidades espirituales más ilustres de nuestro tiempo. Nació en el norte de la India y en 1920 se radicó en Estados Unidos, donde enseñó, durante más de treinta años, la antigua ciencia de la meditación —originaria de su tierra natal— y divulgó el arte de vivir la vida espiritual en forma equilibrada. A través de la célebre historia de su vida, *Autobiografía de un yogui,* así como también por medio del resto de sus numerosos libros, él ha dado a conocer a millones de lectores la perenne sabiduría de Oriente. *Self-Realization Fellowship* —la sociedad internacional que Paramahansa Yogananda fundó en 1920 con el fin de diseminar sus enseñanzas en todo el mundo— continúa llevando a cabo su obra espiritual y humanitaria bajo la dirección de Sri Mrinalini Mata, una de sus más cercanas discípulas.

Otras obras de Paramahansa Yogananda

Estas publicaciones se pueden adquirir en diversas librerías o solicitar directamente al editor (www.yogananda-srf.org)

Autobiografía de un yogui

La Segunda Venida de Cristo:
La resurrección del Cristo que mora en tu interior. Un revelador comentario sobre las enseñanzas originales de Jesús – Vol. I

El Yoga de Jesús

El Yoga del Bhagavad Guita

Charlas y ensayos:
Volumen I: La búsqueda eterna
Volumen II: El Amante Cósmico
Volumen III: El viaje a la iluminación

Afirmaciones científicas para la curación

Cómo conversar con Dios

Diario espiritual

Donde brilla la luz: *Sabiduría e inspiración para afrontar los desafíos de la vida*

Dos ranas en apuros: *Un cuento sobre el valor y la esperanza*

En el santuario del alma: *Cómo orar para obtener la respuesta divina*

La ciencia de la religión

La paz interior: *El arte de ser calmadamente activo y activamente calmado*

Máximas de Paramahansa Yogananda

Meditaciones metafísicas

Por qué Dios permite el mal y cómo superarlo

Susurros de la Eternidad

Vive sin miedo: *Despierta la fuerza interior de tu alma*

Triunfar en la vida

Tenemos a su disposición nuestro catálogo de libros y grabaciones de audio y vídeo, que incluye grabaciones del archivo histórico de Paramahansa Yogananda. Solicite el catálogo al editor o en www.yogananda-srf.org

Lecciones de Self-Realization Fellowship

Las técnicas científicas de meditación que enseñó Paramahansa Yogananda —entre las que se incluye el *Kriya Yoga*—, así como su guía sobre la manera de llevar una vida espiritual equilibrada, se describen en las *Lecciones de Self-Realization Fellowship*. Si desea recibir mayor información al respecto, sírvase solicitar el folleto gratuito *Un mundo de posibilidades jamás soñadas*.

SELF-REALIZATION FELLOWSHIP
3880 San Rafael Avenue • Los Angeles,
CA 90065-3219, EE.UU.
Tel.: (323) 225-2471 • Fax: (323) 225-5088
www.yogananda-srf.org